Heinrich Preschers

Vierstimmige Motetten und Arien

Heinrich Preschers

Vierstimmige Motetten und Arien

ISBN/EAN: 9783744703055

Hergestellt in Europa, USA, Kanada, Australien, Japan

Cover: Foto ©ninafisch / pixelio.de

Weitere Bücher finden Sie auf **www.hansebooks.com**

Vorbericht.

Eine Sammlung vierstimmiger Motetten und Arien, wovon iedes Jahr zwey Theile erscheinen sollen, so wie hiermit der erste ans Licht tritt, wird gewiß unter der Menge von Musikalien, welche ietzt, iede Messe, zum Vorschein kommt, nicht der unbeträchtlichste Artikel seyn. Die meisten großen und mittlern Städte Deutschlandes haben bey ihren Schulen ein Chor Sänger, von dem man die Aufführung solcher Stücke mit Recht fodern kann. Gesetzt nun, daß man an iedem Orte schon einen Vorrath gut geschriebener Motetten hätte, so verlohnt es sich doch immer noch der Mühe, ähnliche gute Stücke auch von andern Orten her kennen zu lernen. Außerdem finde ich es sehr heilsam, für die Erhaltung guter Arbeiten zu sorgen, weil sie sonst durch schlechtere leicht verdrängt werden, wenn sich diese mit dem Vortheile der Neuheit ihnen an die Seite stellen.

Ich ziehe daher bey der Wahl der Stücke, die ich in meine Sammlung aufnehme, nicht so sehr ihr Alter, als ihre Güte in Betrachtung. Immerhin mag ein Stück an einem oder dem andern Orte bekannt seyn, es ist dagegen doch wohl an zehn andern Orten neu. Dem Andenken verstorbener Componisten, die in diesem Fache mit Ruhm gearbeitet haben, glaubte ich es schuldig zu seyn, einem oder dem andern ihrer Stücke, so alt es auch seyn möchte, in meiner Sammlung einen Platz zu vergönnen. Aus diesem Grunde findet man hier eine Motette vom seeligen Kapellmeister Graun, die aus seiner eigenen Handschrift abgedruckt ist. Der seelige Reinhold, ehemaliger Cantor und Musikdirector an der Kreuzkirche zu Dreßden, verdient mehr wegen der Menge der in dieses Fach gehörigen Aufsätze, als wegen der vorzüglichen Güte derselben bemerkt zu werden. Nachläßige Behandlung des Textes, nicht gnugsame Sorgfalt für die Reinigkeit des Satzes, sind Vorwürfe, die man ihm mit Recht machen kann. Ueber zwey bis drey Stücke getraute ich mir nicht heraus zu finden, die der Vergessenheit entrissen zu werden verdienten, und auch diese hätten hin und wieder noch medicam manum vonnöthen.

Weit übertrifft ihn sein Nachfolger, der ietzige Cantor und Musikdirector Homilius, der die Gütigkeit hat, mir, unter der nicht minder beträchtlichen Menge seiner Motetten, freye Wahl zu lassen, und nun bey dem ersten Stücke mir den Vorwurf machen könnte, daß ich nicht eine der Wichtigsten gewählt hätte. Gewiß aber doch auch keine schlechte! In den Fall kann man bey ihm nicht kommen.

Gleiche Gefälligkeit und Freundschaft muß ich von dem Herrn Musikdirector Rolle in Magdeburg rühmen. Ich habe eine ziemliche Anzahl Motetten aus seinen Händen erhalten, alle des Drucks

* 2   würdig.

würdig. Der Erlaubniß zu wählen werde ich mich so bedienen, daß das musikalische Publicum nichts von der Achtung zurück nehmen kann, in die sie dieser verdienstvolle Mann, schon durch die Bekanntmachung anderer Werke, bey ihm gesetzt hat.

Die fünfte in gegenwärtiger Sammlung befindliche Motette hat den geschickten und braven Organisten, Herrn Wolf in Stettin, zum Verfasser. Wollte dieser würdige Mann ungehalten auf mich seyn, daß ich hier ein Stück öffentlich bekannt mache, das er mir vielleicht nur zu meiner eigenen Einsicht mittheilte, so nehme er immer einen Theil der Schuld auf sich selbst: denn wäre seine Composition weniger vortreflich gewesen, so hätte ich sie gewiß ungedruckt gelassen. Wer wird nicht wünschen, künftig mehrere so fleißig und gut gearbeitete Stücke von ihm zu sehen?

Von der sechsten und letzten darf ich selbst nichts sagen. Wenn sie aber nicht ganz verunglückt ist, so mache ich mir es zur Pflicht, in iedem Theile mit einer zu erscheinen. Von Arien habe ich dießmal nichts beyfügen können, weil ich eine bestimmte Bogenzahl festgesetzt habe, und die Motetten allein diese Bogen füllen. Es soll ieder Theil aus zwölf Bogen bestehen, damit der Verleger bey einerley Preiße bleiben kann; doch wird immer bey einem Theile um den andern ein dreyzehnter Bogen zum Titel und Vorberichte zugegeben werden.

Ueber die Art, das Wort Motette zu schreiben, werden nicht alle mit mir einig seyn: ich glaube aber, daß man zu einer Art so viel Grund hat, als zur andern. Die Italiäner schreiben es so, wie ich es geschrieben habe, und dabey behält ein ieder die Freyheit, es nach seinem Gefallen von dem lateinischen motus, oder dem französischen mot (comme si ce n'etoit qu'un mot. Rousseau Dict.) abzuleiten. Leipzig, den 23 May 1776.

(Bey aller auf die Correctur verwendeten Sorgfalt, ist auf der 35sten Seite doch ein Fehler stehen blieben: die erste Note der 10ten Zeile muß e und nicht g im Alt seyn.)

Motetto I.

4

bei-ne Eh - re woh - - - - - net, woh -

und den Ort, da bei-ne Eh - re woh - - - -

woh - - - - - net, woh -

und den Ort, da bei-ne Eh - re woh - - -

- net, da bei-ne Eh - re woh - net.

- net, da bei-ne Eh - re woh - net.

- net, da bei-ne Eh - re woh - net.

- - - - net, da bei-ne Eh - re, woh - - net.

Etwas langsam.

Canto.

Herr, Herr, Herr, Herr, Herr, Herr, ge - he nicht ins Ge-richt, Herr,

Alto.

Herr, Herr, Herr, — Herr, ge - he nicht ins Ge-richt, Herr, ge - he nicht ins Ge-

Tenore.

Herr, Herr, Herr, Herr, ge - he nicht ins Ge-richt, Herr, ge - he nicht ins Ge-

Basso.

Herr, Herr, Herr, Herr, Herr, Herr, ge - he nicht ins Ge - richt, Herr,

ge - he nicht ins Ge - richt, Herr, ge - he nicht ins Ge - richt mit bei - nem Knecht, mit

richt, Herr, ge - he nicht ins Ge - richt, Herr, ge - he nicht ins Ge - richt mit bei - nem

richt, Herr, ge - he nicht ins Ge - richt, Herr, ge - he nicht ins Ge - richt mit bei - nem

ge - he nicht ins Ge - richt, Herr, ge - he nicht ins Ge - richt mit bei - nem Knecht, mit

bei - nem Knecht, Herr, Herr, Herr, Herr, Herr, Herr, Herr, Herr, ge - he nicht ins Ge-

Knecht, mit bei - nem Knecht, Herr, Herr, Herr, Herr, Herr, Herr, ge - he, Herr,

Knecht, mit bei - nem Knecht, Herr, Herr, Herr, Herr, Herr, Herr, ge - he, Herr,

bei - nem Knecht, Herr, Herr, Herr, Herr, Herr, Herr, Herr, Herr, ge - he nicht ins Ge-

denn vor dir ist kein Le = ben =

denn vor dir ist kein Le = ben=di = ger, kein Le=

= bi = ger ge = recht, denn vor dir ist kein Le = ben=bi=

ger, kein Le=ben=bi=ger ge =recht, — kein Le = ben = bi=ger ge =recht, kein le = ben=bi = ger, Le=

= : bi = ger ge = recht, kein Le = ben = bi=ger ge = recht, — kein Le=

ben = bi = ger ge = recht, kein Le = ben=bi=ger ge = recht, kein Le = ben = bi = ger ge=

ger ge = recht, denn vor dir ist kein Le = ben =

ben = bi = ger ge = recht, denn vor dir ist kein Le=ben=bi = ger, kein Le=

ben=bi = ger ge = recht,

recht, denn vor dir ist kein Le = ben = = bi = ger ge=

= bi = ger ge = recht, denn vor dir ist kein Le = ben=bi = ger ge = recht, kein Le=ben=bi=ger ge=

ben=bi = ger ge = recht, denn vor dir ist kein Le = ben = bi = ger ge = recht, kein Le=ben=bi=ger ge=

Motetto III. Homilius.

Canto. Klagend. Hilf Herr! hilf Herr! die Hei-li-gen ha-ben ab-ge-nom-men, die Hei-li-gen ha-ben ab-ge-nom-men, und der Gläu-bi-gen ist we-nig, we-nig un-ter den Menschen-kin-dern.

Alto. Hilf Herr! hilf Herr! die Hei-li-gen ha-ben ab-ge-nom-men, die Hei-li-gen ha-ben ab-ge-nom-men, und der Gläu-bi-gen ist we-nig, we-nig un-ter den Menschen-kin-dern, we-nig, we-nig, we-nig ist der Gläubi-gen un-ter den

Tenore. Hilf Herr! hilf Herr! die Hei-li-gen ha-ben ab-ge-nom-men, hilf Herr! die Hei-li-gen ha-ben ab-ge-nom-men, und der Gläu-bi-gen ist we-nig, we-nig un-ter den Menschen-kin-dern, we-nig, we-nig, we-nig ist der Gläubi-gen un-ter den

Basso. Hilf Herr, hilf Herr! die Hei-li-gen ha-ben ab-ge-nom-men, die Hei-li-gen ha-ben ab-ge-nom-men, und der Gläu-bi-gen ist we-nig, we-nig un-ter den Menschen-kin-dern, we-nig, we-nig ist der Gläubi-gen un-ter den

Motetten, 1. Samml. C

Allegro moderato.

Canto.

Der Herr ist Kö - nig, deß freu - e sich das Erdreich, deß freu - e sich das

Alto.

Der Herr ist Kö - nig, deß freu - e sich das Erdreich, deß freu - e sich das

Tenore.

Der Herr ist Kö - nig, deß freu - e sich das Erdreich, deß freu - e sich das

Baſſo.

Der Herr ist Kö - nig, deß freu - e sich das Erdreich, deß freu - e sich das

Erdreich, und seyn fröh - lich die In - seln, und seyn fröh - lich die In - seln,

Erdreich, und seyn frö - lich die In - seln, und seyn

Erdreich, und seyn frö - lich die In - seln, und seyn

Erdreich, und seyn frö - lich die In - seln, und seyn

die In - seln, so viel ih - rer ist, — so viel ih - rer ist,

frö - lich die In - seln, so viel ih - rer ist, — so viel ih - rer ist,

frö - lich die In - seln, so viel ih - rer ist, so viel ih - rer ist,

frö - lich die In - seln, so viel ih - rer ist, so viel ih - rer ist, der Herr ist

Solo.

D 2

16

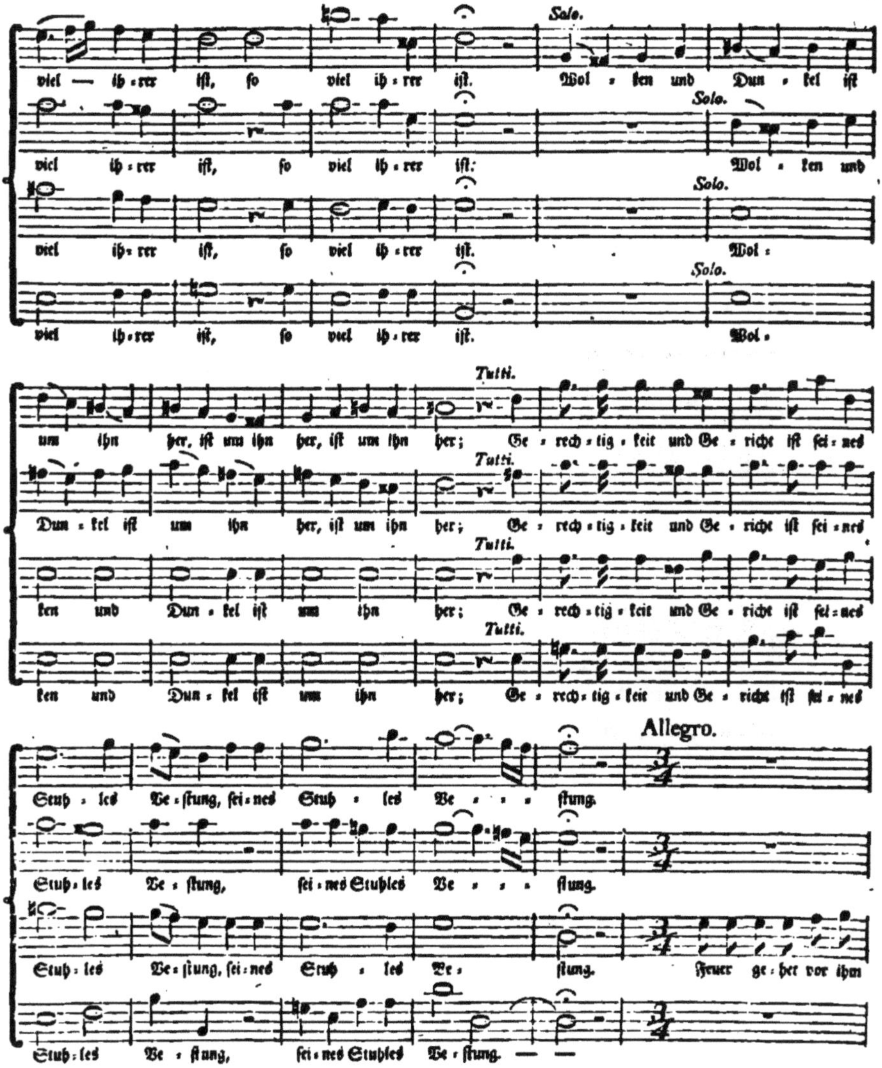
Solo.
viel — ih - rer ist, so viel ih - rer ist. Wol - ken und Dun - kel ist
Solo.
viel ih - rer ist, so viel ih - rer ist: Wol - ken und
Solo.
viel ih - rer ist, so viel ih - rer ist. Wol -
Solo.
viel ih - rer ist, so viel ih - rer ist. Wol -
Tutti.
um ihn her, ist um ihn her, ist um ihn her; Ge - rech - tig - keit und Ge - richt ist sei - nes
Tutti.
Dun - kel ist um ihn her, ist um ihn her; Ge - rech - tig - keit und Ge - richt ist sei - nes
Tutti.
ken und Dun - kel ist um ihn her; Ge - rech - tig - keit und Ge - richt ist sei - nes
Tutti.
ken und Dun - kel ist um ihn her; Ge - rech - tig - keit und Ge - richt ist sei - nes
Allegro.
Stuh - les Ve - stung, sei - nes Stuh - les Ve - stung.
Stuh - les Ve - stung, sei - nes Stuhles Ve - stung.
Stuh - les Ve - stung, sei - nes Stuh - les Ve - stung. Feuer ge - het vor ihm
Stuh - les Ve - stung, sei - nes Stuhles Ve - stung. — —

Motetten, 1. Samml.   F

26

seine Eh - re, ... und al - le Völ - ker, al - le Völ - ker

sei - - ne Eh - re, und al - le Völ - ter, al - le Völ - ter

sei - - ne Eh = re, und al - le Völ - ter, al - le Völ - ter

sei - ne Eh - - re, und al - le Völ - ter, al - le Völ - ter

se - hen sei - ne Eh - - re, sei - ne Eh - — - re.

se - hen sei - ne Eh - - re, sei - ne Eh - — - re.

se - hen sei - ne Eh = = re, sei = ne Eh = — - re.

se - hen sei - ne Eh = = re, sei = ne Eh = — - re.

28

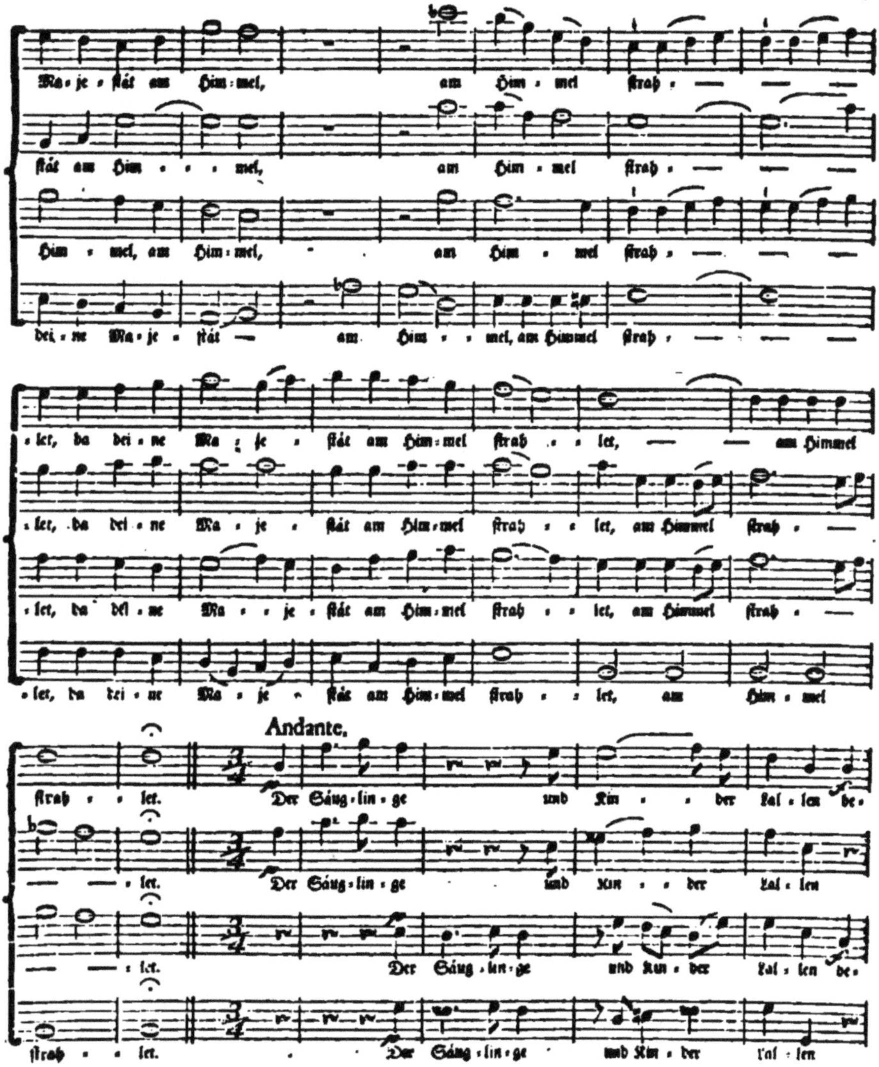
Ma - je - stät am Him - mel, am Him - mel strah - — — —
stät am Him - - - mel, am Him - mel strah - — — —
Him - mel, am Him - mel, am Him - mel strah - — — —
dei - ne Ma - je - stät — am Him - - mel, am Himmel strah - — — —
- let, da dei - ne Ma - je - stät am Him - mel strah - - let, — — am Himmel
- let, da dei - ne Ma - je - stät am Him - mel strah - - let, am Himmel strah - —
- let, da dei - ne Ma - - je - stät am Him - mel strah - - let, am Himmel strah - —
- let, da dei - ne Ma - je - stät am Him - mel strah - - let, am Him - mel
Andante.
strah - - let. Der Säug - lin - ge und Kin - - der lal - len be -
— — - let. Der Säug - lin - ge und Kin - - der lal - len
— — - let. Der Säug - lin - ge und Kin - der lal - len be -
strah - - let. Der Säug - lin - ge und Kin - der lal - len

Moderato.

38

Motetten, 1. Samml.

Moretten, 1. Samml.   K

Vivace.

Canto.

laß sich freuen al = le, al = = le, die auf dich trauen, al = = le, die auf dich trauen, die auf

Alto.

laß sich freuen al = le, die auf dich trauen, die auf dich trauen, die auf

Tenore.

laß sich freuen al = le, die auf dich trauen, die auf dich trauen,

Baſſo.

laß sich freuen al = le, die auf dich trauen, die auf dich trauen,

dich, auf dich trauen, die auf dich, auf dich, die auf dich, auf dich, die auf dich

dich, auf dich trauen, laß sich freuen al = le, al = le laß sich freuen, die auf dich

laß sich freu:n al = le, al = = = le laß sich freuen, die — — auf dich

laß sich freu = en al = le, al = le laß sich freu = en, al = — = le, die auf dich

trauen, e = wig = lich laß sie rüh = — — = men, al = = = le, die auf dich trauen, al =

trauen, e = wig = lich laß sie rühmen, laß sie rühmen, al = = le, die auf dich trauen, al =

trauen, laß sie rüh = men al = le, al = le, die auf dich trauen,

trauen, e = wig = lich laß sie rühmen,

ℛ 2

tu be-schir-mest sie, du beschir-mest, be-schir-mest sie.

tu be-schir-mest sie, du beschir-mest, be-schir-mest sie. Laß sich freu-en

du be-schir-mest sie. Laß sich freu-en al - - le, die

du be-schir-mest sie. Laß sich freuen al-le, al - - le, die auf dich

Laß sich freu-en al-le, al - le, die auf dich trauen, al - le, die auf dich trauen, die auf dich trau - —

al - - le, al-le, die auf dich trauen, die auf dich trauen, die auf dich

auf dich trauen, die auf dich trauen, die auf dich trauen, die auf dich trau -

trauen, die auf dich trauen, die auf dich trauen, die auf dich

- en, auf dich, auf dich,

trau - - en, auf dich, auf dich,

- en, auf dich, auf dich, e-

trau - - en, auf dich, auf dich.

Motetten, 1. Samml. C

42

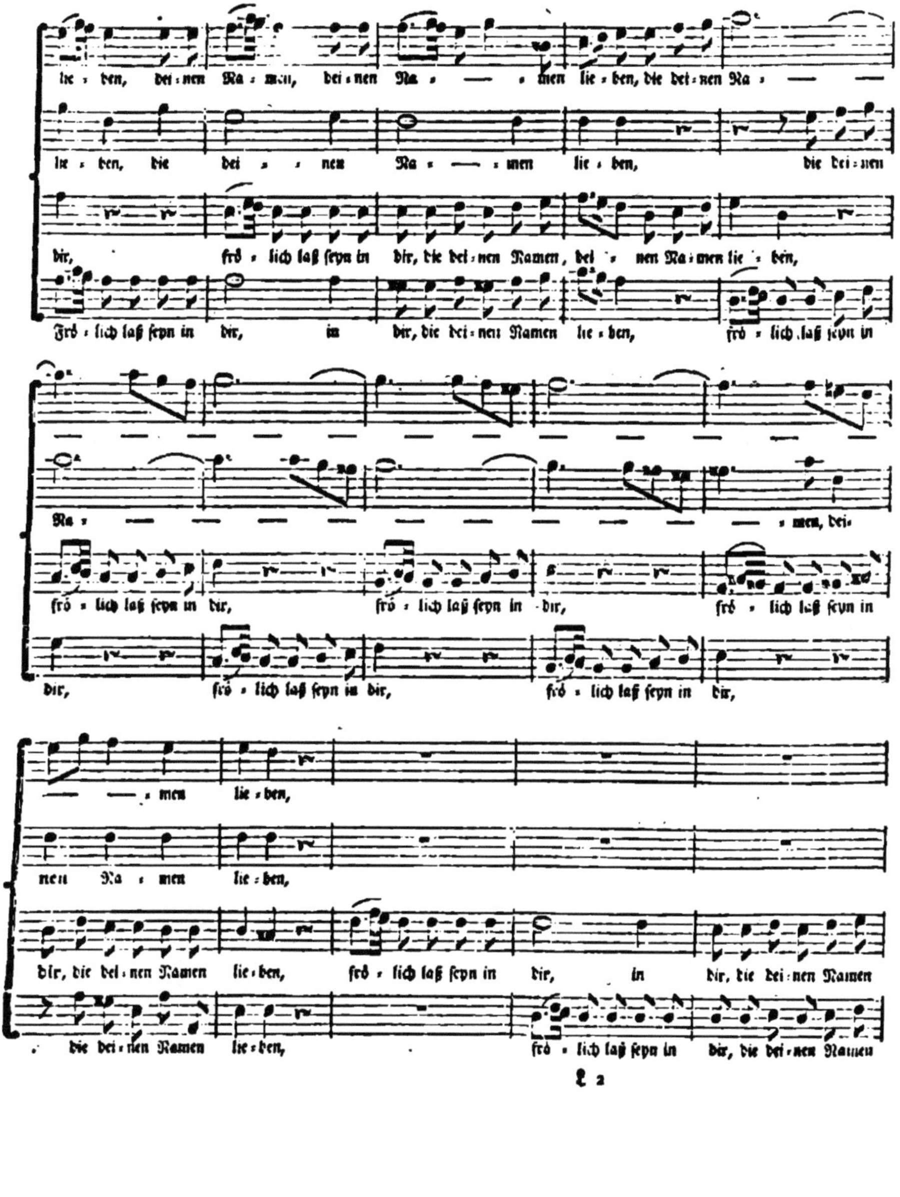
lie - ben, dei - nen Na - men, dei - nen Na - — - men lie - ben, die dei - nen Na - —
lie - ben, die dei - - nen Na - — - men lie - ben, die dei - nen
dir, frö - lich laß seyn in dir, die dei - nen Namen, dei - nen Na - men lie - ben,
Frö - lich laß seyn in dir, in dir, die dei - nen Namen lie - ben, frö - lich laß seyn in
Na - — - men, dei -
frö - lich laß seyn in dir, frö - lich laß seyn in dir, frö - lich laß seyn in
dir, frö - lich laß seyn in dir, frö - lich laß seyn in dir,
— - men lie - ben,
nen Na - men lie - ben,
dir, die dei - nen Namen lie - ben, frö - lich laß seyn in dir, in dir, die dei - nen Namen
die dei - nen Namen lie - ben, frö - lich laß seyn in dir, die dei - nen Namen

L 2

44

Motetten, 1. Samml.   M

Allabreve.

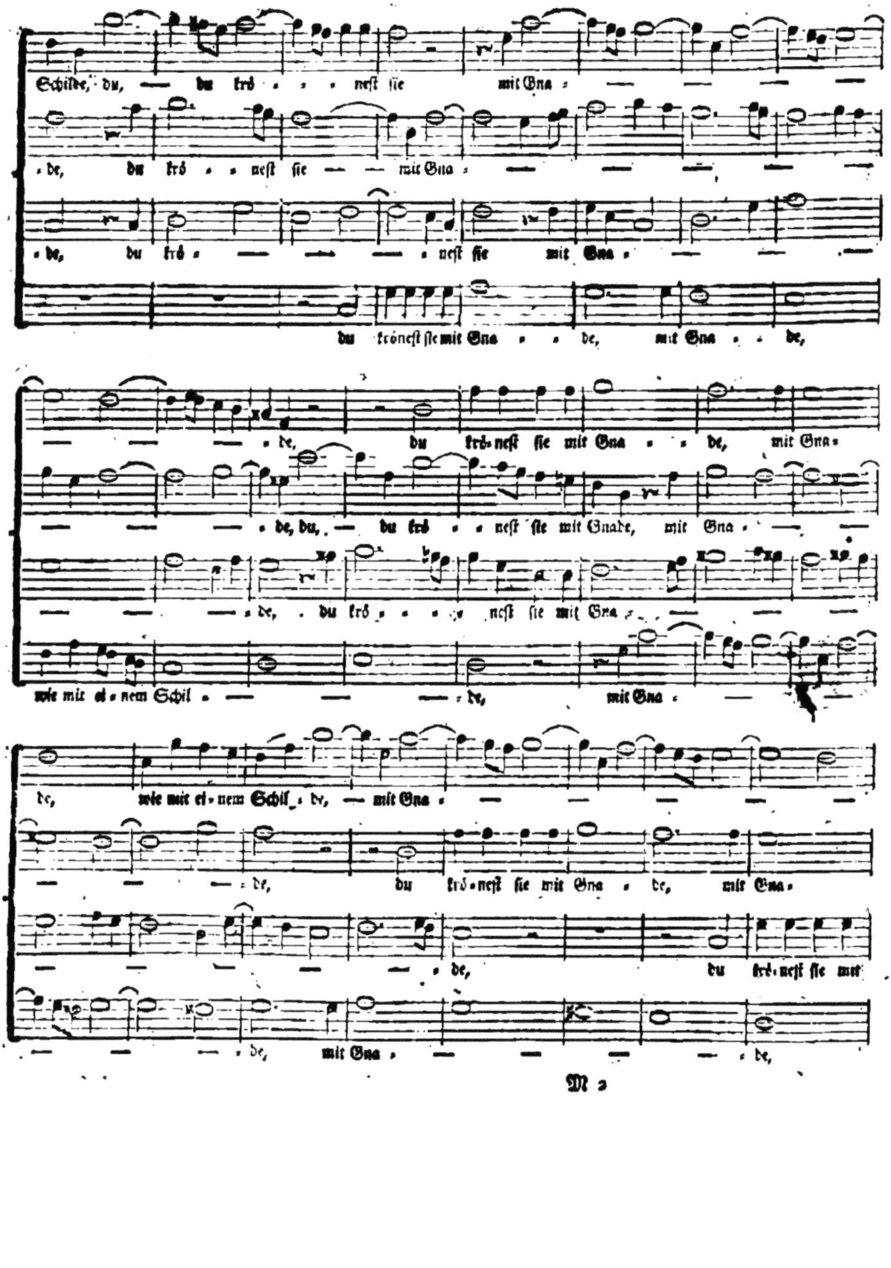
Schilde, du, — du krö - - - nest sie mit Gna - — — — —
- de, du krö - - nest sie — — mit Gna - — — — —
- de, du krö - — — — - nest sie mit Gna - — — —
du krönest sie mit Gna - - de, mit Gna - - de,
— — — - de, du krö-nest sie mit Gna - - de, mit Gna-
— — — - de, du, — du krö - - nest sie mit Gnade, mit Gna - — —
— — — - de, - du krö - - - - - nest sie mit Gna - — — —
wie mit ei-nem Schil - — — — - de, mit Gna - — —
de, wie mit ei-nem Schil - de, — mit Gna - — — — — — —
— — — - de, du krö-nest sie mit Gna - de, mit Gna-
— — — — — - de, du krö-nest sie mit
— — — - de, mit Gna - — — — — - de,

48

Ende des ersten Theils.